Zhongguo Wenhua
Zhishi Duben

中国文化知识读本

黄鹤楼

主编 金开诚

编著 金冬瑞

吉林出版集团有限责任公司

吉林文史出版社

图书在版编目（CIP）数据

黄鹤楼 / 金冬瑞编著 . 一长春：吉林出版集团有
限责任公司：吉林文史出版社，2009.12（2022.1重印）
（中国文化知识读本）
ISBN 978-7-5463-1587-4

Ⅰ.①黄… Ⅱ.①金… Ⅲ.①黄鹤楼－简介 Ⅳ.
① K928.74

中国版本图书馆 CIP 数据核字（2009）第 236901 号

黄鹤楼

HUANG HE LOU

主编/ 金开诚　编著/金冬瑞

责任编辑/曹恒　崔博华　责任校对/王新

装帧设计/曹恒　摄影/金诚　图片整理/王贝尔

出版发行/吉林文史出版社　吉林出版集团有限责任公司

地址/长春市人民大街4646号　邮编/130021

电话/0431-86037503　传真/0431-86037589

印刷/三河市金兆印刷装订有限公司

版次/2009 年 12 月第 1 版　2022 年 1 月第 5 次印刷

开本/650mm×960mm　1/16

印张/8　字数/30千

书号/ISBN 978-7-5463-1587-4

定价/34.80元

关于《中国文化知识读本》

文化是一种社会现象，是人类物质文明和精神文明有机融合的产物；同时又是一种历史现象，是社会的历史沉积。当今世界，随着经济全球化进程的加快，人们也越来越重视本民族的文化。我们只有加强对本民族文化的继承和创新，才能更好地弘扬民族精神，增强民族凝聚力。历史经验告诉我们，任何一个民族要想屹立于世界民族之林，必须具有自尊、自信、自强的民族意识。文化是维系一个民族生存和发展的强大动力。一个民族的存在依赖文化，文化的解体就是一个民族的消亡。

随着我国综合国力的日益强大，广大民众对重塑民族自尊心和自豪感的愿望日益迫切。作为民族大家庭中的一员，将源远流长、博大精深的中国文化继承并传播给广大群众，特别是青年一代，是我们出版人义不容辞的责任。

《中国文化知识读本》是由吉林出版集团有限责任公司和吉林文史出版社组织国内知名专家学者编写的一套旨在传播中华五千年优秀传统文化，提高全民文化修养的大型知识读本。该书在深入挖掘和整理中华优秀传统文化成果的同时，结合社会发展，注入了时代精神。书中优美生动的文字、简明通俗的语言、图文并茂的形式，把中国文化中的物态文化、制度文化、行为文化、精神文化等知识要点全面展示给读者。点点滴滴的文化知识仿佛繁星，组成了灿烂辉煌的中国文化的天穹。

希望本书能为弘扬中华五千年优秀传统文化、增强各民族团结、构建社会主义和谐社会尽一份绵薄之力，也坚信我们的中华民族一定能够早日实现伟大复兴！

目录

一、概述及历史沿革

长江两岸风光

（一）概述

武汉是"百湖之市"，如果把长江、汉水、东湖、南湖以及星罗棋布的湖看成是连绵的水域的话，城市陆地则是点缀在水面上的浮岛，武汉就是一座漂浮在水上的城市。在这个壮阔的水面上，有一条中脊显得格外突出。从西向东，依次分布着梅子山、龟山、蛇山、洪山、珞珈山、磨山、喻家山等，这一连串的山脊宛如巨龙卧波，武汉城区第一峰喻家山是龙头，在月湖里躺着的梅子山则是龙尾，这是武汉的地理龙脉。黄鹤楼恰好位于巨龙的腰上，骑龙在天，乘势而为，黄鹤楼的这种选址似乎透露出某种玄机。

黄鹤楼冲决巴山群峰，接纳潇湘云水，浩荡长江在三楚腹地与其最长支流汉水交汇，造就了武汉隔两江而三镇互峙的伟姿。在这里，鄂东南丘陵余脉起伏于平野湖沼之间，龟蛇两山相夹，江上舟楫如织，黄鹤楼天造地设于斯。黄鹤楼基座为三层花岗岩平台，四周有石雕栏围护。楼高五层，总高度51.4米。楼体四望如一，建筑平面为折角正方形、建筑面积共计3219平方米。整座楼有72根圆柱，梁柱门窗饰以赭红油漆，檐下配淡雅青绿彩绘。楼层层有飞檐，每层飞檐有12个翘角，共60个，其屋面用十几万块黄色琉璃瓦覆盖，使整座楼如鹤振翅欲飞。各层匾额楹联多是

武汉景观

近现代政界名人、当代著名书法家、画家的手笔。楼的第一层前厅正面是一幅 9 米 ×6 米的大型彩瓷镶嵌壁画《白云黄鹤图》。第二层正中用大幅青石板镌刻着唐代阎伯理撰的《黄鹤楼记》。石刻两侧分别为《孙权筑城》和《周瑜设宴》的仿汉代瓷嵌壁画，画面古朴凝重。第三层是一幅大型陶瓷壁画《人文荟萃·风流千古》，从左至右排列着杜牧、白居易、刘禹锡、王维、崔颢、李白、孟浩然、贾岛、顾况、宋之问、岳飞、陆游、范成大等 13 位诗人，和他们所写的黄鹤楼的著名诗篇。第五层是全楼的顶层，四周有直

长江

黄鹤楼

接绘于壁上的大型壁画《江天浩瀚》，包括从大禹治水、屈原行吟到李白醉酒、岳飞抗金等 10 幅，表现万里长江上的人文故事、传说和历史。这些壁画都出自于中央美术学院著名画家之手，文化积淀厚重。

黄鹤楼是古典与现代熔铸、诗化与美意构筑的精品，获得了国家 5A 级景区、国家旅游胜地四十佳等荣誉。它处在山川灵气动荡吐纳的交点，正好迎合中华民族喜好登高的民风民俗、亲近自然的空间意识、崇尚宇宙的哲学观念。登黄鹤楼，不仅仅获得愉快，更能使心灵与宇宙意象互渗互融，从而使心

黄鹤楼全景

灵得以净化，这大概就是黄鹤楼的魅力经风雨而不衰，与日月共长存的原因之所在。

（二）历史沿革

1. 三国时期

吴黄武元年（公元 222 年），赤壁之战后，孙权夺取荆州，将统治中心自建业（今南京市）迁鄂（今鄂州市），并称吴王，将武昌郡改江夏郡、辖沙羡等 6 县。这时的黄鹄山已成为东吴的重要军事要地。

吴黄武二年（223 年），孙权修筑夏口城，城"西南角因矶为楼，名黄鹤楼"。

2. 南北朝

宋大明六年（462 年），鲍照作《登黄鹄

长江风光

黄鹤楼

长江漕运

矶》诗，此为迄今所见最早咏诵黄鹄矶的诗。宋泰始五年(469年)，祖冲之撰成志怪小说《述异记》。书中讲述了江陵人荀环在黄鹤楼遇见仙人驾鹤并与之交谈的故事，这是黄鹤楼称谓最早出现的文字记载。

梁普通七年(526年)，萧子显撰《南齐书》中，告诉世人，黄鹤楼神话中驾鹤仙人为王子安，"夏口城踞黄鹄矶，世传仙人子安乘黄鹤过此也"，从而使神话传说中的仙人第一次有了名字。

3. 唐朝

贞观十年(636年)，黄鹤楼的称谓第一次载入正史。据当年撰成的《梁书》载：梁武帝的异母弟安成康王萧秀任郢州刺史，因夏口常为战场，到处是战死者的骸骨，萧秀便命人将这些骸骨"于黄鹤楼下祭而埋之"。唐高宗显庆四年(659年)撰成的《南史》中也有类似记载。

开元十一年(723年)，崔颢作《黄鹤楼》七律诗。该诗是咏黄鹤楼诗词中最负盛名的一首，为脍炙人口的千古绝唱。由于崔诗杰出的艺术成就，黄鹤楼因此又有"崔氏楼"之称。

开元十六年(728年)，孟浩然岁暮由扬州返程回襄阳途经武昌，写下《溯江至武昌》诗。在此前后，孟浩然还借黄鹤楼抒发感情，

黄鹤楼是中国四大名楼之一

黄鹤楼

黄鹤楼大钟

作了《鹦鹉洲送王九之江左》等诗。

天宝十三年(754年),李白写成《送储邕之武昌》诗,此时距他初游武昌已三十余年。其间,李白写了大量与黄鹤楼有关的诗作,仅存世的即有《黄鹤楼送孟浩然之广陵》等16首,在历代咏诵黄鹤楼的诗人中可能是诗作最多的一位。

永泰元年(765年),阎伯理撰成《黄鹤楼记》。《黄鹤楼记》涉及黄鹤楼的传说、地势形制、当时人物活动及感想诸方面,文简意明,流畅可诵,颇具文献价值。阎伯理在《黄鹤楼记》中,记述黄鹤楼神话传说中的仙人为费祎:"费祎登仙尝驾黄鹤还憩于此。"

黄鹤楼周围景观

从而形成与《南齐书》中称仙人为子安不同的说法，使这一传说有了新的发展。

元和十年（815年），白居易被贬江州途经武昌，登临黄鹤楼参加地方官员迎宴时，写下《卢侍御与崔评事为予于黄鹤楼置宴·宴罢同望》诗。

宝历二年（826年），鄂州刺史、武昌军节度使、鄂岳沔蕲黄观察史牛僧孺对鄂州（今武昌）城垣进行大规模改造。据传在这次城垣改造中，黄鹤楼首次与城垣分离，成为独立的景观建筑。

4. 宋朝

熙宁二年（1069年），鄂州杂诗碑立于

黄鹤楼景观

孟浩然曾借黄鹤楼抒发感情

黄鹤楼

长江风光

黄鹤楼

黄鹤楼后的斗姥阁。此碑刻有宋之问、崔颢、李白、孟浩然等 19 位诗人的 39 首诗。碑文直到清代仍可辨认。

元祐年间 (1086—1094 年)，"南楼在郡治正南，黄鹄山顶，中间曾改为白云阁。元祐年间，知州方泽重建"（南宋王象之《舆地纪胜》），时有"鄂州南楼天下无"之赞。

绍兴年间 (1131—1162 年)，游仪作《登黄鹤楼》诗。该诗脍炙人口，被誉为"宋诗绝唱"。游默斋曾书之于南楼，后又为之刻石立碑。

绍兴八年 (1138 年)，抗金名将岳飞再次"还军鄂州"时，填写《满江红·登黄鹤楼有感》

长江风光

词，抒发请缨杀敌，收复山河的壮志豪情。

乾道五年(1169年)，陆游在其《入蜀记》中记："黄鹤楼，旧传费祎飞升于此，后忽乘黄鹤来归，故以名楼，号为天下绝景。"《入蜀记》还记载了途经武昌登黄鹄山的所见所闻："今楼已废，故址亦不复存。"提供了南宋初期黄鹤楼已实体不存的史料。

淳熙四年(1177年)，范成大在其所撰《吴船录》中，记录了由四川回江浙途经武昌登黄鹄山时见到南楼等风景名胜，而只字未提黄鹤楼。此可印证八年前陆游在《入蜀记》中所载黄鹤楼已不存在的史实。

淳熙十三年(1186年)，姜夔作《翠楼吟·武昌安远楼成》词，记述了登临安远楼(南楼)时的伤感情怀。该词谱曲后，立即在武昌传唱开来，而且历久不衰，堪称宋词中吟诵南楼的佳作。

5.元朝

至元年间(1271—1294年)，元世祖南征至鄂，曾驻黄鹄山(旧为头陀峰)观览形胜。至正年间因建大殿以纪止跸之旧(明陈循《寰宇通志》)。

至正三年(1343年)，威顺王宽彻普化太子修建胜像宝塔，该塔是用于供奉舍利和安藏佛教法物的喇嘛塔。

黄鹤楼一景

中国四大古
楼之一的岳
阳楼

至正十八年 (1358 年)，山西芮城永乐宫建成。宫内壁画中有《武昌货墨》图，该画描绘了吕洞宾在黄鹤楼仙游显化的故事，说明黄鹤楼的影响所及。

至正二十四年 (1364 年)，朱元璋称王占领武昌后，前往安葬在黄鹤楼故址旁的陈友谅墓祭奠，并题"人修天定"四字于墓前。

6. 明朝

洪武四年至洪武十四年 (1371—1381 年)，江夏侯周德兴主持湖广会城武昌的大规模拓展和建设，黄鹤楼在此次扩建中得以重建 (修)。

永乐年间 (1403—1424 年)，明成祖朱棣御制《大明玄天上帝瑞应图录》，其中"神留巨木"图画中绘有黄鹤楼。

成化年间 (1465—1487 年)，因黄鹤楼"年久倾圮""楚府宗室……捐赀倡郡人创建。都御史吴琛修葺"。

嘉靖四十五年 (1566 年)，黄鹤楼"忽毁于火"。

隆庆五年 (1571 年)，刘悫以都御史巡抚湖广，主持重建黄鹤楼。

万历二十四年 (1596 年)，武昌新任知

黄鹤楼前的歌舞表演

府孙承荣辑、任家相补辑的明刻《黄鹤楼集》，由武昌府署刊刻，分三卷，集历代黄鹤楼诗文210家，近400篇，是研究黄鹤楼的重要史料来源之一。明初及正德年间曾各有过黄鹤楼诗集，但均已散失。

崇祯十六年(1643年)，张献忠所部败退武昌，左良玉率兵入城，黄鹤楼被毁。

7. 清朝

顺治十三年(1656年)，御史上官铉筹资对黄鹤楼进行"粗葺"。此为清代所建的第一座黄鹤楼。

康熙三年(1664年)，黄鹤楼被焚毁。总督张长庚、巡抚刘兆骐重建。

康熙十三年(1674年)，总督蔡毓荣主

持"补葺"黄鹤楼。康熙二十年(1681年)，黄鹤楼遭雷击起火，因及时扑救，损失较小。

康熙四十一年(1702年)，因楼遭雷震倾圮，总督喻成龙、巡抚刘殿衡主持"新构"。

康熙六十一年(1722年)，总督满丕，巡抚张连登主持对黄鹤楼"略修"。

乾隆元年(1736年)，湖广总督史贻直主持重修黄鹤楼。

乾隆四年(1739年)，本年成书的《明史》提到：张献忠攻入武昌"题诗黄鹤楼"。至此有关黄鹤楼的史料被五次载入二十四史典籍(其他为《南齐书》《梁书》《南史》《宋史》)，这种情况在历代名楼中是不多见的。

黄昏中的黄鹤楼

乾隆四十四年(1779年)，乾隆皇帝爱新觉罗弘历为黄鹤楼书写"江汉仙踪"四字横匾，后又御制"百岁寿民吴国瑞四世一堂"的诗碑置于黄鹤楼中。

嘉庆元年(1796年)，总督马慧裕主持"彻修"黄鹤楼。因缺少大木料，而增加石础四十余件，中间贯以铁索，号称"万牛不能撼"，从此改变了黄鹤楼自始建以来的纯木结构。

咸丰年间(1851—1861年)，第一张黄鹤楼照片由一位外国人拍摄，照片真实地反映

武汉长江大桥

了黄鹤楼为三层建筑，接近前朝旧制。咸丰三年一月十七日 (1853 年) 太平军攻下武昌城后，在黄鹤楼上张灯结彩，庆祝夺取第一座省城的胜利。

咸丰六年十二月 (公元 1856 年)，太平军为保卫武昌城与清军展开激战，黄鹤楼毁于战火。

同治七年 (1868 年)，总督官文、李瀚章，巡抚郭伯荫主持重建黄鹤楼。此次重建共动员一千余名工匠，耗银三万余两，用时十个月。

同治十三年 (1874 年)，胡凤丹纂成《黄鹄山志》，比较集中地记述了有关黄鹤楼的史料，是后世系统研究黄鹤楼历史的重要参考文献。

光绪九年 (1883 年)，日本诗人森春涛之子森槐南从崔颢、李白等人的咏诵黄鹤楼诗词中得到启发，填写《百字令》词，留下"巷赛乌衣、楼疑黄鹄、梅落江城笛"的佳句。

光绪十年 (1884 年)，清代最后一座黄鹤楼被大火焚为灰烬。其攒尖铜顶成为历代黄鹤楼中唯一保存下来的遗物。同年，吴嘉猷 (字友如) 作《古迹云亡》图，真实、形

象地记录了同治黄鹤楼被烧毁的情景。

　　光绪十六年(1890年)，湖广总督张之洞在汉阳办铁厂时曾说，将来炼铁有效，黄鹤楼要用铁造，以避免火灾，第一个提出用铁质材料重建黄鹤楼的主张。

　　光绪三十年(1904年)，湖北巡抚端方在黄鹤楼故址附近修建两层西式红色楼，俗称"警钟楼"。

　　光绪三十三年(1907年)，张之洞擢升体仁阁大学士、军机大臣之后，湖北军界和学界为颂扬张之洞治鄂功德，筹资在蛇山头建立风度楼和抱冰堂，张听说此事后，建议风度楼更名，并亲笔题写"奥略楼"三字作为

雨中黄鹤楼

楼匾。

从黄鹤楼的历史发展，我们可以明显地看到，黄鹤楼可以说是屡建屡毁，光明清就毁了七次，最终却能传承至今，不可不说是一个奇迹。新中国成立后，中央及地方文化局多次修葺黄鹤楼并对黄鹤楼进行了大量的恢复性重建工程。

与此同时，黄鹤楼的形制自创建以来，各朝皆不相同，但都显得高古雄浑，极富个性。与岳阳楼、滕王阁相比，黄鹤楼的平面设计为四边套八边形，谓之"四面八方"。这些数字透露出古建筑文化中数目的象征和伦理表意功能。从楼的纵向看各层排檐与楼名直接相关，形如黄鹤，展翅欲飞。整座楼于雄浑之中又不失精巧，富于变化的韵味和美感。

二、黄鹤楼特色建筑

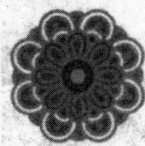

黄鹤楼前的大钟

（一）胜像宝塔

胜像宝塔亦称宝像塔，因其色白，又称白塔或元代白塔。因为该塔分地、水、火、风、空五轮，故也称五轮塔，有时还被称为大菩提佛塔。原在武昌蛇山西首黄鹤楼故址前的黄鹄矶头，1955年修建武汉长江大桥时，拆迁至蛇山西部、京广铁路跨线桥旁。1984年迁入公园西大门入口处内，位于黄鹤楼正前方约159米、白云阁以西433米处，是黄鹤楼故址保存最古老、最完整的建筑。1956年被湖北省人民委员会列为省级文物保护单位。

胜像宝塔修建于元代至正三年(1343年)，为威顺王宽彻普化太子建，原址塔周围有护栏，南向曾有一石牌坊，匾额上横书"胜像宝塔"四字，每字径6寸见宽，上款题"威顺王太子建"，下款为"大元至正三年"，是用于供奉舍利和安藏佛教法物的喇嘛塔。宝塔塔高9.36米，座宽5.68米，采用外石内砖方式砌筑，以石砌为主，内部塔室使用了少量的砖。塔由塔座、塔身、塔刹三部分组成，秀美端庄，古色古香。塔基分上下两层，下层为边角镶石的三层平台，上层是双层须弥座，雕有精美的莲花座台。须弥座上部雕刻有笙、箫、琴、瑟等古代乐器，有十分珍贵的史料价值。塔体内收外展，道健自然；整体造型由基座向上逐渐收缩，尺度愈缩愈小，其轮廓线条大体呈三角形，看上去虽然不大，但庄重持稳，具有浓厚的端庄美。塔的外观分作座、瓶、相轮、伞盖、宝顶五部分，宝顶为合金制作。

黄鹤楼房檐别具特色

胜像宝塔因外形类似灯笼，又俗称"孔明灯"。相传，三国时期曹操率领83万人马直扑江南。孙权、刘备联军抗曹，诸葛亮负责指挥联军，传令关羽日夜兼程，务必加期到赤壁会合。等关羽从樊城带领水军赶到夏口，正是半夜三更，又遇狂风暴雨，暗暗叫

黄鹤楼特色建筑

苦之时，不料黄鹤楼下亮起一盏巨灯，就像悬在半空的一轮明月，把江面照得透亮。关羽又惊又喜，从容指挥兵船拐进长江，逆流而上，按期与诸葛亮会合，孙刘联军火烧赤壁，大败曹操。从那天起，黄鹤楼下的这盏灯一直不熄，天天为江上的来往船只照明指航。住在黄鹤楼里的道士发现，他们每拨一次灯芯，灯里就冒出一些油来，于是就舀来炒菜吃。有一个好吃懒做的道士想多舀些油卖了发财，偷偷用铁夹子夹住灯芯用力往外拉，那油如泉水直往外涌，哪知用力过猛，把灯芯扯掉了，这时灯里不再冒油，连整个灯都变成了葫芦形状的石塔，后来人们就把

黄鹤楼上系挂的风铃

黄鹤楼

这座石塔叫做"孔明灯"。

1955年修长江大桥时，把它迁移到蛇山上。塔座是须弥座，呈十字折角形，四周分别雕刻精巧的云神、水兽、莲瓣、金刚杵、梵文等装饰。塔身为素洁的覆钵体。塔刹的基座也为须弥座形，刹身相轮十三层，上刻莲瓣承托石刻宝盖，下面刻"八宝"花纹。刹顶为铁制宝瓶。塔室内为中空式，全部密封，没有地宫。后来曾打开过，发现塔心内有石幢一个，高1.03米，下为圆座，幢身八角形，顶刻各种莲花装饰，雕刻精巧。塔室内还发现一个铜瓶，瓶底刻有"洪武二十七年岁在甲戌九月乙卯谨志"十六个字。瓶腹刻有"如

《黄鹤归来》
铜雕

来宝塔，奉安舍利。国宁民安，永承佛庇"。
由此可见，瓶内装的是佛的骨灰。胜像宝塔
塔顶为镏金莲珠塔刹。由下至上仰望，密檐

逐层缓缓上收，檐下砖雕的斗拱层层支护，直到塔顶。塔身稳固美观，遮而不露。清乾隆皇帝在位时曾对胜像宝塔进行过精心的修缮，以至宝塔可以矗立至今。

（二）《黄鹤归来》铜雕

《黄鹤归来》铜雕位于黄鹤楼以西50米的正面台阶前裸露的岩石之上，是湖北美术学院教授刘政德、李政文的作品。由龟、蛇、鹤三种吉祥动物组成，该铜雕高5.1米，重3.8吨，系纯黄铜铸成。其雕刻工艺极为精致，黄鹤、神龟、巨蛇既生动形象，又抽象写意，鹤的羽毛、脚爪的纹线，龟背的花纹和蛇斑

黄鹤楼近景

黄鹤楼特色建筑

黄鹤楼内景

1938年的奥略楼

清晰可辨。整体看，铜雕线条流畅，华丽高贵。龟、蛇正驮着双鹤奋力向上，而两只亭亭玉立的黄鹤则脚踏龟、蛇俯瞰人间。该铜雕以精湛的雕刻工艺和浪漫的神话传说受到游人的青睐。

"黄鹤归来"其题材源自流传于江汉之间的两个美丽的神话传说。神话一：相传古时大禹治水，感动玉帝，玉帝派龟、蛇二将协助，为镇江患，龟、蛇隔江对峙变为两座大山，形成"龟蛇锁大江"之势，从此水患平息，百姓安居。两只仙鹤俯瞰人间，非常感动，便脱胎下凡，以昭普天同庆。传说二：

黄鹤楼

前文所指的老道游经武昌蛇山，在辛氏酒楼豪饮，店家诚信经营、童叟无欺。老道临别取橘皮画鹤于壁，客至鹤舞，从此辛氏业兴家富。"黄鹤归来"将龟、蛇、鹤三吉巧妙而自然地寓为一体，寄予平安吉祥，表达了江河安澜、百姓乐业、天下太平的美好祝愿。除传说之外，"龟鹤遐龄"是民间常说的颂词，"神龟寿鹤龄延年"亦被老百姓视为吉祥之兆，蛇则代表长久或长寿。在1997年，该铜雕曾被制成模型，作为湖北省人民政府迎接香港回归所赠礼品，存于香港特别行政区。

黄鹤楼夜景

黄鹤楼特色建筑

跨鹤亭

（三）跨鹤亭

跨鹤亭位于公园南区紫竹苑西北角，在黄鹤楼东南 107 米的半山坡上，距白云阁西南 197 米。亭名取自跨鹤之仙的传说。现存诗句：

跨鹤亭

紫竹萧萧扫石苔，亭间似见鹤飞来。

导游女子真罗曼，笑说桔皮辛氏财。

它于 1986 年重建，亭面西朝东，长 4.2 米，宽 2.68 米，高 4.74 米，横面呈六角形，钢筋混凝土仿木石结构，六角攒尖顶，青筒瓦，仿青砖地面，亭前有一青瓦白墙，形成幽静半封闭的场地。亭的西南面被青翠的竹林环抱，寓意"黄鹄腾紫竹之间"，亭名由天津南开大学教授乔修业书。

　　跨鹤者为谁无定说，最早记载黄鹤楼神话传说的是南朝祖冲之的志怪小说《述异记》，讲述有个江陵人苟环在黄鹤楼遇见仙人驾鹤并与之交谈的故事，但没有讲明仙人是谁。萧子显在《南齐书·州郡下》中有"夏口城踞黄鹄矶，世传仙人子安乘黄鹤过此也"的记载，使仙人有了子安的名字。北宋时，人们为了纪念跨鹤之仙的传说，曾在黄鹄山脊刻字记费祎跨鹤登仙一事，后人设亭名"跨鹤"。亭旁有静春台，在山壁上刻有静春台石刻，系南宋书法家刘清之在淳熙九年 (1182 年) 书

跨鹤亭飞檐

黄鹤楼特色建筑

033

写，后废。唐代阎伯理在《黄鹤楼记》中转述《图经》的记载，将仙人换成了真实的历史人物，即三国时期的蜀汉大臣费祎，在元明清又变成了吕洞宾，一时之间，众说纷纭。

(四) 《崔颢题诗图》浮雕

《崔颢题诗图》浮雕在黄鹤楼以东118米、白云阁以西163米处，选用四川越西黑沙石和湖南长沙花岗石雕刻而成，位于主楼和南楼之间，庄重典雅，古朴简洁，与搁笔亭相对，是一座石照壁形式的浮雕。它被称为诗碑，又被称为题诗图，浮雕长12米，宽8.2米，画面为4米×8米，于1990年6月竣工，浮雕画面由四川省雕塑艺术学院赵树同设计。

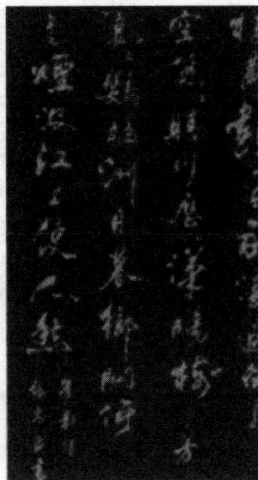

崔颢诗作碑刻

崔颢，唐朝汴州（今河南开封）人，他才思敏捷，善于写诗，系盛唐诗人。崔颢以才名著称，好饮酒和赌博，与女性的艳情故事常为时论所薄。早年诗多写闺情，后来游览山川，经历边塞，精神视野大开，风格一变而为雄浑自然。总体来说，诗作分为三类，分别为描写妇女闺情、边塞诗和山水诗以及赠言记事等诗。图上雕绘的是他潇洒挺拔、运笔赋诗的形象，图的中央雕刻着他的千古

黄鹤楼崔颢题诗

名诗《黄鹤楼》："昔人已乘黄鹤去，此地空余黄鹤楼。黄鹤一去不复返，白云千载空悠悠。晴川历历汉阳树，芳草萋萋鹦鹉洲。日暮乡关何处是，烟波江上使人愁。"此诗写得意境开阔、气魄宏大，风景如画，情真意切，且淳朴生动。这首诗不仅是崔颢的成名之作、传世之作，也为他奠定了一世诗名的基础，雕刻中诗句是由中国书法家协会代主席沈鹏书写。

（五）《九九归鹤图》浮雕

《九九归鹤图》浮雕在黄鹤楼东南240米、白云阁西南85米处。位于黄鹤楼公园白龙池边，幅面广阔，气势宏大，整个雕塑呈红色，极为突出、醒目，画面生动，逼真传神，"归鹤"二字系雕塑家刘开渠题写。整座雕塑分为鹤栖、鹤戏、鹤舞、鹤翔、鹤鸣五部分，共99只仙鹤，布局疏密相间，浑然一体，充满生机，堪为当代雕塑精品。99只仙鹤呈现着各种不同的舞姿，加上当年神仙驾驭的黄鹤，就凑成了100只，浮雕包含着"黄鹤百年归"的寓意。

浮雕从1987年开始酝酿到最后竣工，历时四个春秋由数十名石工，精心雕凿而成，是国内最大的室外花岗岩浮雕。依蛇山山势，呈不等距"Z"形。全长38.4米，高4.8米，采用848块四川"喜德红"花岗岩雕刻而成，这种枣红色花岗石的色彩，随着晴雨变幻，天朗气爽时似红莲花开，轻阴微雨时如渥彤海棠。整个浮雕在斜阳夕照之下，既宏伟壮观，又极富诗情画意。总面积达184.32平方米，总重量约240吨。整个浮雕画面给人以朝气蓬勃的气韵，其中又运用了高浮雕、浅浮雕和透雕等不同的雕刻手法，云兴霞蔚，日月同辉，江流不息，生机盎然；99只不同动态的仙鹤，或戏或舞，或翔或鸣，各具情态，无一重复，和谐地分布在松、竹、梅、灵芝、流水、岩石、云霞中，象征黄鹤归来的各种

九九归鹤图

黄鹤楼特色建筑

姿态。

（六）黄鹤古肆

武汉黄鹤楼

位于黄鹤楼下的旅游文化街——黄鹤古肆，是一条经营特色旅游商品的街肆，其建筑风格古朴，因富于汉味楚风而闻名于世。

黄鹤古肆位于黄鹤楼东南290米、白云阁以南120米处，是黄鹤楼公园兴建的明清式仿古建筑群，整个建筑典雅明洁，比例和谐，高低错落。长约70米的古街共19间门面，作为旅游纪念品经营街，弘扬其文化内涵是其发展的最大卖点，使之能真正体现黄鹤楼文化和楚文化的本土特色，将传统文化、时尚生活和现代商业融为一体，韵味独特，

黄鹤古肆

黄鹤楼

黄鹤古肆

从而为黄鹤楼这一主体品牌增光添彩。

在这里还可以尽情领略中国传统的陶艺、布艺、木艺、竹艺、结艺、剪纸等民间工艺品的精彩和钱币集藏的乐趣。"黄鹤归来"老武汉家居，以名贵的明清古典紫檀家具按照明清时代武汉家居布置陈设，装饰着名家字画，配备有古筝等民间艺术表演。"对山书屋"主要展销古往今来与黄鹤楼、与武汉历史文化有关的古、近、现代编纂的书刊、画本、图册，以及以毛泽东为代表的世纪伟人的图书、历史档案资料。店外的街上，多种形式的民间文艺演出或模特表演，更添热

黄鹤楼特色建筑

闹、祥和气氛。每个铺面的匾额、内壁的装饰都是一幅幅高水平的书画作品，显示出较高的文化追求。

（七）搁笔亭

搁笔亭位于公园南区，在黄鹤楼以东132米、白云阁西南159米处。现亭是1991年4月重建的搁笔亭，长8.5米，宽8.25米，高8.72米，亭名取自盛唐时期黄鹤楼上"崔颢题诗李白搁笔"的一段佳话。此亭坐南朝北，由十二根古铜色的柱子支撑，为钢筋混凝土仿木石结构建筑。亭内置有石制的长条案，案上放着石墨砚和石笔筒，并配四个石腰鼓凳，别含雅趣。相对于公园中黄鹤楼、白云阁等主要景点，搁笔亭一点也不出众，

搁笔亭

但与搁笔亭有关的那段传说，却在黄鹤楼的成长史上发挥过重要的作用。

据传，在崔颢题了那首被后人称作"唐人七律第一"的《黄鹤楼》诗后，号冠"斗酒诗无敌"的诗仙李白不久也登上黄鹤楼，这里的江山胜景和美妙神话令这位"谪仙人"豪兴勃发、诗情顿起，可当他正要奋笔疾书时，却发现了崔颢所题的黄鹤楼诗，于是便有了"眼前有景道不得"，全因"崔颢题诗在上头"的感慨。

崔颢《黄鹤楼》一诗竟令李白折服搁笔，很快为人传诵，一时注家蜂起，黄鹤楼的声名传扬得更为久远。该楼又被称为"崔氏楼"，

搁笔亭俯视

黄鹤楼特色建筑

李白与黄鹤楼
有着不解之缘

武汉被喻为"白云黄鹤的地方"，崔颢也因之蜚声诗坛。南宋严羽在《沧浪诗话》中称："唐人七言律诗，当以崔颢《黄鹤楼》为第一。"

历代诗人对李白在黄鹤楼上是否因崔颢诗而"搁笔"，众说纷纭，莫衷一是。有的认为李白并未搁笔，有的对搁笔表示疑问，有的对李白搁笔表示遗憾和惋惜，有的对崔诗不服气，叫喊"不准崔诗在上头"，似是意气用事。清代湖北学者陈诗则冷静地进行考证，指出李白搁笔云云，实无其事。陈诗指陈了这一传闻的来历："李白过武昌，见崔颢黄鹤诗，叹服不复作。去而赋金陵凤凰台。其后禅僧用此事，作一偈：一拳捶碎黄鹤楼，一脚踢翻鹦鹉洲。眼前有景道不得，崔颢题诗在上头。原是借此一事设词，非太白诗也。流传之久，信以为真。"

对于黄鹤楼，李白并未搁笔，他写了多首涉及黄鹤楼的诗，如《与史郎中钦听黄鹤楼上吹笛》《黄鹤楼送孟浩然之广陵》《望黄鹤山》《鹦鹉洲》等。李白有关黄鹤楼诗章，其整体影响比崔颢还要深广，是黄鹤楼文化的瑰宝。尽管李白搁笔，实无其事，但为了纪念这一传闻野趣，今黄鹤楼公园还是建了搁笔亭，也算一桩文坛雅事。

黄鹤楼夜景

黄鹤楼特色建筑

（八）毛泽东词亭

西陵峡

黄鹤楼牌坊

毛泽东不仅是一位伟大的领袖，同时也是一位杰出的诗人和艺术家。他的诗词艺术，既赋有中华民族传统文化情趣，又具有独特甚至超神的词风诗格，在整个诗词王国里，他无疑建造了自己的丰碑。毛泽东似乎对"白云黄鹤之乡"特别钟情，他36次来武汉，多次登临蛇山，并18次畅游长江武汉段。1956年6月1日，毛泽东从黄鹤楼故址的上首入水，首次畅游长江，6月3日至4日，又两次到江中畅游，写下了气势磅礴、豪情满怀的光辉诗篇。处于黄鹤楼附近的毛泽东词亭坐落于公园南区南楼东南侧，在黄鹤楼东南206米、白云阁西南90米处，1992年建于现址防空工事约2.16米高的台基上。坐北朝南，长宽各6.6米，高9.5米，为四角攒尖重檐舒翼，亭中央矗立一高3.2米、宽1.8米的大型青石碑，南北两面分别镌有毛泽东1927年春登蛇山时填写的《菩萨蛮黄鹤楼》和1956年6月畅游长江后填写的《水调歌头·游泳》。亭名由原中国人民解放军副总参谋长伍修权书写。

（九）岳飞亭

岳飞是出身行伍、忠孝双全的名将。北宋末年，北方女真贵族政权金国向中原地区发动了大规模的掠夺战争。北宋政权灭亡了，新建的南宋政权在投降派秦桧等人把持下，避敌南逃，金军乘势大举南下。岳飞满怀爱国热情，投入到抗金的行列。岳家军军纪严明，英勇善战，收复了大片失地。绍兴四年（1134年）岳家军打到湖北，收复了襄阳、郢郑州（今湖北钟祥）、随州等地，岳飞因功升任清远军节度使、湖北路荆襄潭州制置使，驻军鄂州（今武昌），旋又晋封"武昌县开国子"（一种封爵称号）。岳飞在鄂州紧张地进行北伐

黄鹤楼院内景色

的准备，偶得半日闲暇，登上了黄鹤楼，遥望金人统治下的北方，满怀悲壮地写下了一首《满江红登黄鹤楼有感》。绍兴十一年(1142年)，秦桧以"莫须有"的罪名将岳飞陷害致死。后孝宗时为岳飞平反昭雪，下令恢复其官职，追谥"武穆"，以礼改葬。乾道六年(1170年)，鄂州民众在武昌立忠烈庙以示祭祀。嘉泰四年(1204年)岳飞被封为鄂王，忠烈庙改名为鄂王庙(俗称岳庙)。

岳武穆遗像亭简称岳飞亭，在蛇山中部顶端。1937年武汉的抗日群众团体，在原岳庙废墟中清出一通刻有岳飞半身遗像的明代石碑，即移此建亭供碑，以弘扬民族精神，

黄鹤楼公园内的岳飞像

激励人民大众坚持抗战，反对投降的爱国热忱。亭为木石结构，六角攒尖顶，单檐外展，颇为端庄古朴。亭额刻"岳武穆遗像亭"六字，为孔庆熙所题，其下石柱楹联为："撼山抑何易，撼军抑何难，愿忠魂常镇荆湖，护持江汉雄风，大业先从三户起；文官不爱钱，武官不怕死，奉谠论复兴家国，留得乾坤正气，新猷端自四维张。"碑上所刻岳飞像，线条遒劲，意态英武，亦属艺术杰作。像上方列明万历十年（1582年）云南太和（今大理）张翼先撰写的四言像赞，现碑系按明碑原拓复刻。1983年被武汉市人民政府公布为市级文物保护单位。

岳飞亭

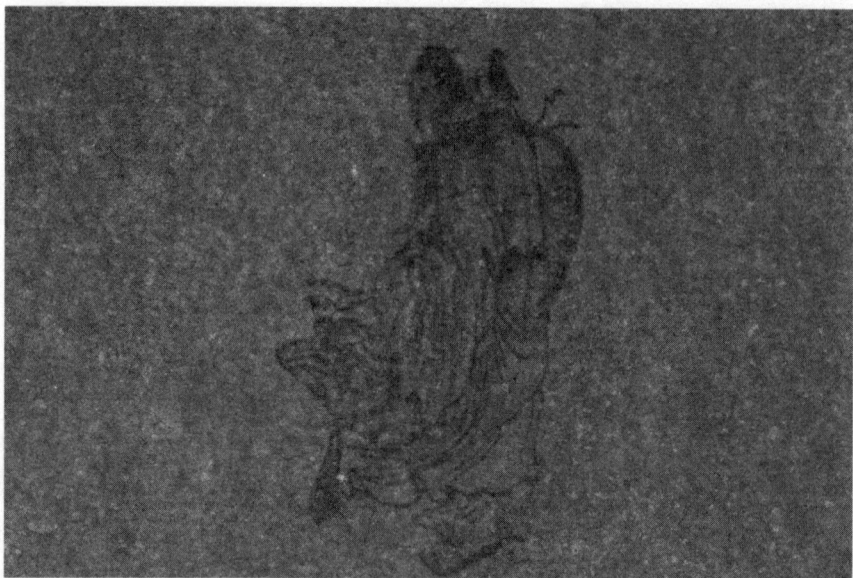

吕洞宾像

（十）吕仙洞

吕仙洞又名吕公洞，依据传说中吕洞宾的故事而建。位于黄鹤楼东北脚下73米、白云阁以西206米处。洞呈"U"形并贯通，内设有由一整块汉白玉石精雕而成的吕洞宾平卧雕像以及香炉等，整座雕像长3.1米，高1.71米，重5吨，吕洞宾神态安祥、栩栩如生。洞门为青石牌坊，"吕仙洞"三字为原中国作家协会书记处书记冯牧所题。

相传吕仙即吕岩，字洞宾，武宗会昌年间(841—846年)，两次应举不中，遂浪迹江湖，求仙访道，后遇钟离权，被授予丹诀，

吕仙洞宾

吕仙洞

黄鹤楼有很多关于吕洞宾的传说

黄鹤楼飞檐一角

隐居于终南山修道，并曾到各地游历。在宋、元时代的书籍中，曾有吕仙（实为吕元圭）在黄鹤楼旁石照亭题写"黄鹤楼前吹笛时，白蘋红蓼满江湄。衷情欲诉谁能会，惟有清风明月知"之诗和吕岩"历江州登黄鹤楼，以五月二十日午刻升天去"的记载，民间便认为吕洞宾到过黄鹤楼，画鹤于壁的神仙也

变成吕洞宾。因此在黄鹤楼有很多关于吕洞
宾的传说、故事和遗迹，与相传他在此修仙
有很大关系。

　　飞架大江的长江大桥就横在黄鹤楼的面
前，而隔江相望的则是这24层的晴川饭店。
这一组建筑，交相辉映，使江城武汉大为增
色。黄鹤楼的建筑特色是，各层大小屋顶，
交错重叠，翘角飞举，仿佛是展翅欲飞的鹤
翼。楼层内外绘有仙鹤为主体，云纹、花草、
龙凤为陪衬的图案。第一层大厅的正面墙壁，
是一幅以"白云黄鹤"为主题的巨大陶瓷壁画。
四周空间陈列历代有关黄鹤楼的重要文献、
著名诗词的影印本，以及历代黄鹤楼绘画的
复制品。2至5层的大厅都有其不同的主题，

"白云黄鹤"
陶瓷壁画

在布局、装饰、陈列上都各有特色。走出五层大厅的外走廊，举目四望，视野开阔。这里高出江面近 90 米，大江两岸的景色，历历在望，令人心旷神怡。黄鹤楼所在的蛇山一带辟为黄鹤楼公园，种植了许多花草树木，还有一些牌坊、轩、亭、廊等建筑。有一个诗碑廊，收藏着许多刻有历代著名诗人作品的石碑，蛇山一带的古代景点都将陆续修复，它必将成为武汉城市一个最具代表性的核心标志。

三、楹联、诗词赏析

由于黄鹤楼绝妙的人文风景、独特的地理位置，前人流传至今的诗词、文赋、楹联、匾额、摩岩石刻和民间故事颇多，这也促使黄鹤楼成为山川与人文景观相互倚重的文化名楼。在这里，我们仅就黄鹤楼相关的楹联、诗词抽丝剥茧，加以阐述。

（一）黄鹤楼联

　　下面几副对联，是流传下来有关黄鹤楼的佳作。

　　千载此楼，芳草晴川，曾见仙人骑鹤去；

　　卅年作客，黄沙远塞，又吟乡思落梅中。

　　黄鹤飞去且飞去；

　　白云可留不可留。

黄鹤楼前牌坊

黄鹤楼

黄鹤楼局部

对江楼阁参天立；

全楚山河缩地来。

楼未起时原有鹤；

笔经搁后便无诗。

爽气西来，云雾扫开天地恨；

大江东去，波涛洗尽古今愁。

一楼萃三楚精神，云鹤俱空横笛在；

二水汇百川支派，古今无尽大江流。

何时黄鹤重来，且自把金樽，看洲渚千年芳草；

今日白云尚在，问谁吹玉笛，落江城五月梅花！

心远天地宽，把酒凭栏，听玉笛梅花，此时落否？

我辞江汉去，推窗寄语，问仙人黄鹤，何日归来？

（二）诗人诗词

闻名全国的古建筑黄鹤楼，建在武昌江边的黄鹄矶上，是古代文人骚客登临咏诗胜地。登楼眺望，远山近水一览无余。唐代诗人崔颢诗："昔人已乘黄鹤去，此地空余黄鹤楼。黄鹤一去不复返，白云千载空悠悠。"被称为唐人七律之首。

1. 崔颢

黄鹤楼

崔颢

昔人已乘黄鹤去，此地空余黄鹤楼。

黄鹤一去不复返，白云千载空悠悠。

黄鹤楼题词

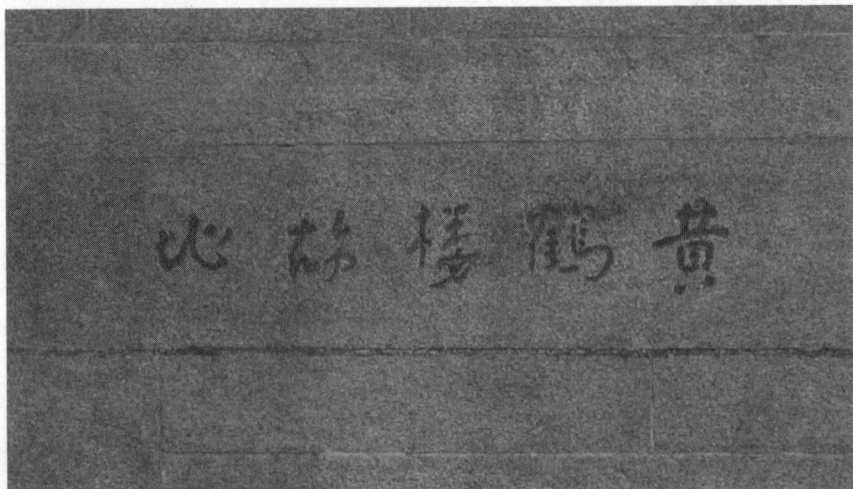

黄鹤楼

晴川历历汉阳树，芳草萋萋鹦鹉洲。

日暮乡关何处是，烟波江上使人愁。

元人辛文房《唐才子传》记李白登黄鹤楼本欲赋诗，因见崔颢此作，为之敛手，说："眼前有景道不得，崔颢题诗在上头"，传说或出于后人附会，未必真有其事。然李白确曾两次作诗拟此诗格调。其《鹦鹉洲》诗前四句说"鹦鹉来过吴江水，江上洲传鹦鹉名。鹦鹉西飞陇山去，芳洲之树何青青。"与崔诗如出一辙，又有《登金陵凤凰台》诗亦是明显地摹学此诗。为此，说诗者众口交誉，如严羽《沧浪诗话》谓："唐人七言律诗，当以崔颢《黄鹤楼》为第一。"这一来，崔颢的《黄鹤楼》的名气就更大了。

崔颢像

楹联、诗词赏析

传说古代仙人子安乘黄鹤过此（见《齐谐志》），又云费祎登仙驾鹤于此（见《太平寰宇记》引《图经》）。诗从楼的命名之由来着想，借传说落笔，然后生发开去。仙人跨鹤，本属虚无，现以无作有，说它"一去不复返"，就有岁月不再、古人不可见之憾；仙去楼空，唯余天际白云，悠悠千载，正能表现世事茫茫之慨。诗人这几笔写出了那个时代登黄鹤楼的人们常有的感受，气概苍莽，感情真挚。

此诗前半首用散调变格，后半首就整饬归正，实写楼中所见所感，写从楼上眺望汉阳城、鹦鹉洲的芳草绿树并由此而引起的乡

诗人登黄鹤楼所作之诗，感情真挚

黄鹤楼

月夜下的黄鹤
楼景观

愁，这是先放后收。

前人有"文以气为主"之说，此诗前四句看似随口说出，一气旋转，顺势而下，绝无半点滞碍。黄鹤，二字再三出现，却因其气势奔腾直下，使读者"手挥正弦，目送飞鸿"，急忙读下去，无暇觉察到它的重叠出现，而这是律诗格律上之大忌，诗人好像忘记了是在写"前有浮声，后须切响"，字字皆有定声的七律。试看：首联的五六字同出"黄鹤"；第三句几乎全用仄声；第四句又用"空悠悠"这样的三卒阕煞尾；亦不顾什么对仗，用的全是古体诗的句法。这是因为七律在当时尚未定型吗？不是的，规范的七律早就有了，崔

黄鹤楼

颢自己也曾写过。是诗人有意在写拗律吗？
也未必。他跟后来杜甫的律诗有意自创别调
的情况也不同。看来还是知之而不顾，如《红
楼梦》中林黛玉教人做诗时所说的"若是果
有了奇句，连平仄虚实不对都使得的"。在
这里，崔颢是依据诗以立意为要和"不以词
害意"的原则去进行实践的，所以才写出这
样七律中罕见的高唱入云的诗句。沈德潜评
此诗，以为"意得象先，神行语外，纵笔写去，
遂擅千古之奇"（《唐诗别裁》卷十三），也
就是这个意思。倘只放不收，一味不拘常
规，不回到格律上来，那么，它就不是一首
七律，而成为七古了。此诗前后似成两截，

其实文势是从头一直贯注到底的，中间只不过是换了一口气罢了。这种似断实续的连接，从律诗的起、承、转、合来看，也最有章法。元杨载《诗法家数》论律诗第二联要紧承首联时说："此联要接破题（首联），要如骊龙之珠，抱而不脱。"此诗正是如此，叙仙人乘鹤传说，颔联与破题相接相抱，浑然一体。杨载又论颈联之"转"说："与前联之意相避，要变化，如疾雷破山，观者惊愕。"疾雷之喻，意在说明章法上至五六句应有突变，出人意料。此诗转折处，格调上由变归正，境界上与前联截然异趣，恰好符合律法的这个要求。叙昔人黄鹤，杳然已去，给人以渺不可知的

黄鹤楼牌坊

感觉；忽一变而为晴川草树，历历在目，萋萋满洲的眼前景象，这一对比，不但能烘染出登楼远眺者的愁绪，也使句势因此而有起伏波澜。《楚辞·招隐士》曰："王孙游兮不归，春草生兮萋萋。"诗中"芳草萋萋"之语亦借此而逗出结尾乡关何处、归思难禁的意思。末联以写烟波江上日暮怀归之情作结，使诗意重归于开头那种渺茫不可见的境界，这样能回应前面，如豹尾之能绕额的"台"，也是很符合律诗法度的。

大雅堂李白塑像

正是由于此诗艺术上出神入化，取得极大成功，它被人们推崇为题黄鹤楼的绝唱，也就不足为奇了。

2. 李白

与史郎中钦听黄鹤楼上吹笛

李白

一为迁客去长沙，

西望长安不见家。

黄鹤楼中吹玉笛，

江城五月落梅花。

这是李白乾元元年（758年）流放夜郎经过武昌时游黄鹤楼所作。本诗写游黄鹤楼听笛，抒发了诗人的迁谪之感和去国之情。西

安徽李白墓

汉的贾谊，因指责时政，受到权臣的谗毁，贬官长沙。而李白也因永王李璘事件受到牵连，被加之以"附逆"的罪名流放夜郎。所以诗人引贾谊为同调，"一为迁客去长沙"，就是用贾谊的不幸来比喻自身的遭遇，流露了无辜受害的愤懑，也含有自我辩白之意。但政治上的打击，并没使诗人忘怀国事。在流放途中，他不禁"西望长安"，这里有对往事的回忆，有对国运的关切和对朝廷的眷恋。然而，长安万里迢迢，对迁谪之人是多么遥远！望而不见，不免感到惆怅。听到黄鹤楼上吹奏《梅花落》的笛声，感到格外凄凉，仿佛五月的江城落满了梅花。

诗人巧借笛声来渲染愁情。王琦注引郭

安徽李白墓景观

茂倩《乐府诗集》此调题解云："《梅花落》本笛中曲也。"江城五月，正当初夏，当然是没有梅花的，但由于《梅花落》笛曲吹得非常动听，便仿佛看到了梅花满天飘落的景象。梅花是寒冬开放的，景象虽美，却不免给人以凛然生寒的感觉，这正是诗人冷落心情的写照。同时使人联想到邹衍下狱、六月飞霜的历史传说。由乐声联想到音乐形象的表现手法，即诗论家所说的"通感"。诗人由笛声想到梅花，由听觉诉诸视觉，通感交织，描绘出与冷落的心境相吻合的苍凉景色，从而有力地烘托了去国怀乡的悲愁情绪。所以《唐诗直解》评此诗"无限羁情笛里吹来"，是很有见解的。清代的沈德潜说："七言绝

黄鹤楼殿檐斗拱

句以语近情遥、含吐不露为贵，只眼前景，口头语，而有弦外音，使人神远，太白有焉。"（《唐诗别裁》卷二十）这首七言绝句，正是以"语近情遥、含吐不露"见长，使人从"吹玉笛""落梅花"这些眼前景、口头语，听到了诗人的弦外之音。

此外，这首诗还好在其独特的艺术结构。诗写听笛之感，却并没按闻笛生情的顺序去写，而是先有情而后闻笛。前一半捕捉了"西望"的典型动作加以描写，传神地表达了怀念帝都之情和"望"而"不见"的愁苦。后一半才点出闻笛，从笛声化出"江城五月落梅花"的苍凉景象，借景抒情，使前后情景相生，妙合无垠。

黄鹤楼送孟浩然之广陵

李　白

故人西辞黄鹤楼，

烟花三月下扬州。

孤帆远影碧空尽，

惟见长江天际流。

唐玄宗开元十三年（725 年），年轻的李白从四川出峡，在安陆（今湖北安陆）住了十年。在这段时间内，结识了隐居在襄阳鹿门山的孟浩然。孟浩然也是著名诗人，年龄比李白大，这时在诗坛上已享有盛名，李白对他很敬仰。诗中称孟浩然为"故人"，足见结交已久，是老朋友了，彼此感情深厚。

繁华都市中的黄鹤楼

繁华都市中的黄鹤楼

黄鹤楼历来是游览胜地

黄鹤楼的原址在现今武汉市武昌区的江边，历来是游览胜地，许多诗人在楼上留下了诗句。广陵就是扬州，是唐代最繁华的都市，一直被称为"扬一益二"（当时的都市繁华，是扬州第一，成都第二）。江南地区的财富，通过运河，由扬州转运洛阳，再送到长安，这里工商业都很发达。题目中的"之"字，做动词用，是"去"的意思。

这是历史上称作"开元盛世"的年代，国力强盛，人情慷慨，所以在离别之时，虽然怅惘，却不悲伤。

诗的开头，说出了这个离别的事实。武汉在西，扬州在东，从武汉去扬州，顺江东下，自然是向西北告别了黄鹤楼。这样的句子，真是信手拈来，毫不雕琢。第二句接得很好。他向哪里去呢？去扬州。妙在"烟花三月"，这不仅指出了离别的季节，重要的是表达了当时的心情。烟花，指春天笼罩在蒙蒙雾气中的绮丽景物。江南的春天，风光明媚，一直为文人们所歌颂，梁代的丘迟在《与陈伯之书》里有这样动人的描写："暮春三月，江南草长，杂树生花，群莺乱飞。"孟浩然一路上所遇到的，也将是这样的景象。

而扬州呢？又是花团锦簇，绣户珠帘的名都，这是他所要去的地方。试想，以江南三月烟花的时候，去扬州十里烟花的地方，一路上能不心旷神怡吗？别认为这两句诗在表面上只写了送别的人物、地点、时间和去向，而透过字面，却深刻表达了内心的情绪。

楼头话别之后，孟浩然就登舟起程了。只见孤舟扬帆，破浪前进。行人渐远，而送行的人依然伫立江边。孤帆渐渐地消失于白云碧水之间了，这时只有一江汹涌的波浪，奔向碧空尽处，仿佛是去追赶行人。李白很巧妙地表达了这种送别后的感情，像用电影的特写镜头照住帆影，逐渐前移。到水天交接处，帆影没有了，于是长江浩浩荡荡流向天外。这时候，观众和送行者会一样把感情寄托在流水之中，而整个画幅的苍茫空阔的感觉，自然又要袭上心头。这样写景见情，寓情于景，做到了情景交融的地步，使人读了以后，产生无穷的余韵。

古典诗歌，绝大多数的篇章不外乎写景抒情。这二者在写作时虽很难截然分开，但只有高手才能融合得很巧妙。景色是自然界的客观存在，如果要在诗歌中给以生命，使它具有长远的效果，那么在吸取这一景色时，不仅要准确地表达，而且还要融进强烈的感情，从而在鲜明的形象中，看出描写的深度。

黄鹤楼一角

黄鹤楼

仰视黄鹤楼

李白在这首诗里，把送别的依依之情，以描写自然景色来表达，就是这种方法的很好范例。

望黄鹤楼

李白

东望黄鹤山，雄雄半空出。

四面生白云，中峰倚红日。

岩峦行穿跨，峰嶂亦冥密。

颇闻列仙人，于此学飞术。

一朝向蓬海，千载空石室。

金灶生烟埃，玉潭秘清谧。

地古遗草木，庭寒老芝术。

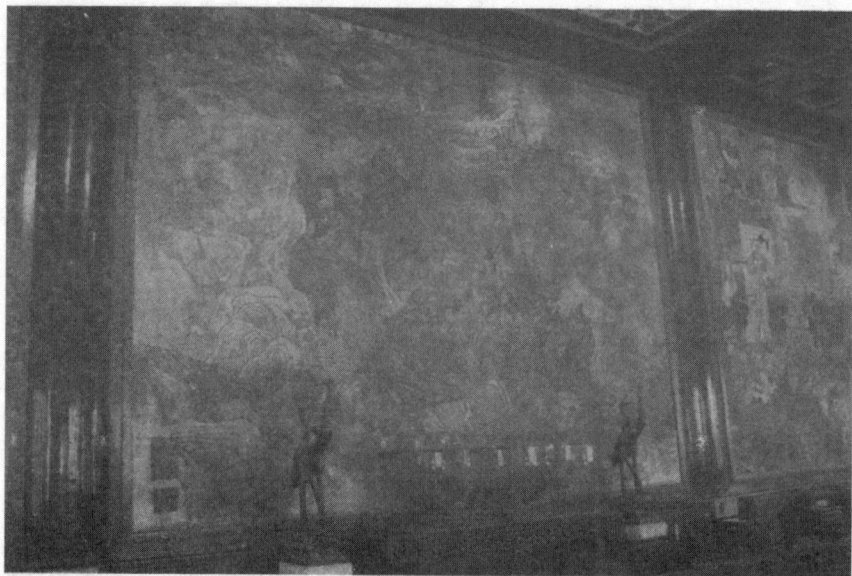

黄鹤楼内部壁画

塞予羡攀跻，因欲保闲逸。

观奇遍诸岳，兹岭不可匹。

结心寄青松，永悟客情毕。

这首诗是吊古怀乡之佳作。诗人登临古迹黄鹤楼，泛览眼前景物，即景而生情，诗兴大作，脱口而出，一泻千里。既自然宏丽，又饶有风骨。诗虽不协律，但音节浏亮而不拗口。真是信手而就，一气呵成，成为历代所推崇的珍品。

李白作为题写黄鹤楼诗词最多的诗人，除以上佳作外，较为流传的还有以下几首诗词：

江夏送友人

李白

雪点翠云裘，送君黄鹤楼。

黄鹤振玉羽，西飞帝王州。

凤无琅玕实，何以赠远游。

裴回相顾影，泪下汉江流。

送储邕之武昌

李白

黄鹤西楼月，长江万里情。

春风三十度，空忆武昌城。

送尔难为别，衔杯惜未倾。

湖连张乐地，山逐泛舟行。

诺为楚人重，诗传谢朓清。

沧浪吾有曲，寄入棹歌声。

醉后答丁十八以诗讥余槌碎黄鹤楼

李白

黄鹤高楼已槌碎，黄鹤仙人无所依。

黄鹤上天诉玉帝，却放黄鹤江南归。

神明太守再雕饰，新图粉壁还芳菲。

一州笑我为狂客，少年往往来相讥。

君平帝下谁家子，云是辽东丁令威。

作诗调我惊逸兴，白云绕笔窗前飞。

待取明朝酒醒罢，与君烂漫寻春晖。

远眺黄鹤楼

黄鹤楼李白题字

黄鹤楼公园景观

3. 岳飞

满江红·登黄鹤楼有感

岳飞

遥望中原，荒烟外、许多城郭。

想当年、花遮柳护，凤楼龙阁。

万岁山前珠翠绕，蓬壶殿里笙歌作。

到而今、铁骑满郊畿，风尘恶。

兵安在？膏锋锷。

民安在？填沟壑。

武汉黄鹤楼上
悬挂的红灯笼

叹江山如故，千村寥落。

何日请缨提锐旅，一鞭直渡清河洛。

却归来、再续汉阳游，骑黄鹤。

此词为岳飞手书墨迹，见徐用仪所编《五千年来中华民族爱国魂》卷端照片，词下并有谢升孙、宋克、文征明等人的跋。

元末谢升孙的跋中，说本词"似金人废刘豫时，公（岳飞）欲乘机以图中原而作此以请于朝贵者"，并说"可见公为国之忠"。

高宗绍兴七年（1137年），伪齐刘豫被金国所废后，岳飞曾向朝廷提出请求增兵，以便伺机收复中原，但他的请求未被采纳。次年春，岳飞奉命从江州（今江西九江市）率领部队回鄂州（今湖北武汉市）驻屯。本词大概作于回鄂州之后。

词作上片是以中原当年的繁华景象来对比如今在敌人铁骑蹂躏之下的满目疮痍。开首二句，写登楼远眺，词人极目远望中原，只见在一片荒烟笼罩下，仿佛有许多城郭。实际上黄鹤楼即使很高，登上去也望不见中原，这里是表现词人念念不忘中原故土的爱国深情。"想当年、花遮柳护，凤楼龙阁。

黄鹤楼伟人怀念馆

黄鹤楼

黄鹤楼公园风光

万岁山前珠翠绕，蓬壶殿里笙歌作。"这四句，承上"许多城郭"，追忆中原沦陷前的繁华景象。前二句为总括：花木繁盛，风景如画；宫阙壮丽，气象威严。后二句以两处实地为例，写宫内豪华生活。"万岁山"，即艮岳山，宋徽宗政和年间造。据洪迈《容斋三笔》卷第十三"政和宫室"载："其后复营万岁山、艮岳山，周十余里，最高一峰九十尺，亭堂楼馆不可殚记。……靖康遭变，诏取山禽水鸟十余万投诸汴渠，拆屋为薪，亁石为炮，伐竹为笆篱，大鹿数千头，悉杀之以啖卫士。""蓬壶殿"，疑即北宋故宫内的蓬

杜甫像

莱殿。"珠翠",妇女佩带的首饰,指代宫女。汴京皇宫内,宫女成群,歌舞不断,一派富庶升平气象。接下来陡然调转笔锋,写现在:"到而今,铁骑满郊畿,风尘恶。""郊畿",指汴京所在处的千里地面。"风尘",这里指战乱。慨叹汴京惨遭金人铁骑践踏,战乱频仍,形势十分险恶。词作上片以今昔对比手法,往昔的升平繁华,与目前的战乱险恶形成强烈反差,表露了词人忧国忧民的爱国感情和报国壮志难酬的悲愤心情。

词作下片分两层意思,慨叹南宋王朝统治下士兵牺牲,人民饿死,景况萧索,希望率师北伐,收复中原。前六句为第一层。开首即以"兵安在""民安在"提问，加以强调，可见词人的愤激之情。要反击敌人，收复失地，首先要依靠兵士与人民，可是兵士早已战死，老百姓也在饥寒交迫下死亡。"膏"，这里作动词"滋润"讲；"锋"，兵器的尖端；"锷"，剑刃。"膏锋锷"，是说兵士的血滋润了兵器的尖端，即兵士被刀剑杀死。"沟壑"，溪谷。杜甫《醉时歌》："但觉高歌有鬼神，焉知饿死填沟壑。"是说老百姓在战乱中饿死，尸首被丢弃在溪谷中。"叹江山如故，千村寥落。"由于金兵的杀戮践踏，兵民死亡殆尽，田园荒芜，万户萧疏，对此词人不禁发出深沉的叹喟。后四句为一层。作为"精忠报国"的英雄，词人决不甘心如此，于是提出："何日请缨提锐旅，一鞭直渡清河洛！""请缨"，请求杀敌立功的机会。《汉书·终军传》记终军向汉武帝"自请愿受大缨，必羁南越王而致之阙下。""提锐旅"，率领精锐部队。大将的口吻与气度，跃然纸上。"河、洛"，黄河、洛水，泛指中原。"清河洛"与上"铁骑满郊畿"呼应，挥鞭渡过长江，消灭横行"郊畿"的敌人，收复中原。"一""直"和"清"字用得极为贴切，表现了必胜的信念。"却

黄鹤楼前胜像宝塔

黄鹤楼夜景

归来、再续汉阳游，骑黄鹤。”“汉阳”，今湖北武汉市。“骑黄鹤”，陆游《入蜀记》："黄鹤楼旧传费祎飞升于此，后忽乘黄鹤来归，故以名楼。”结末用黄鹤楼典，不仅扣题，且带浪漫意味，表示今日“靖康耻，犹未雪”，未能尽游兴，“待重新收拾旧山河”后，定再驾乘黄鹤归来，重续今日之游以尽兴。乐观必胜的精神与信念洋溢字里行间。词作下片是叹息在南宋偏安妥协下，士兵牺牲，百姓死亡，景况萧条。最后希望率师北伐，收复失地，然后回来重游黄鹤楼。

词作通过不同的画面，形成今昔鲜明的对比，又利用短句、问语等形式，表现出强

黄鹤楼公园一景

烈的感情，有极强的感染力。同时，刻画了一位以国事为己任，决心"北逾沙漠，喋血虏廷，尽屠夷种，迎二圣归京阙，取故土上版图"（岳飞《五岳祠盟记》）的爱国将帅形象。读这首词，可以想见他下笔时的一腔忠愤、满怀壮志。

4. 阎伯理

黄鹤楼记

州城西南隅，有黄鹤楼者，《图经》云："昔费祎登仙，尝驾黄鹤还憩于此，遂以名楼。"事列《神仙》之传，迹存《述异》之志。

观其耸构巍峨，高标，上倚河汉，下临江流；重檐翼馆，四闼霞敞；坐窥井邑，俯拍云烟：亦荆吴形胜之最也。何必濑乡九柱、东阳八咏，乃可赏观时物、会集灵仙者哉。

文章大意为：鄂州城的西南角上，有一座黄鹤楼。《图经》上说："三国时代蜀汉大将费祎成了仙人，曾经骑着黄鹤返回到这里休息，于是就用'黄鹤'命名这座楼。"有关这件事记载在《神仙传》上，有关事迹还保存在《述异志》上。观看这矗立着的楼宇，高高耸立，十分雄伟。它顶端靠着银河，底部临近大江；两层屋檐，飞檐像鸟翼高翘在房舍之上。四面的大门高大宽敞，坐在楼上，可以远眺城乡景色，低下头可以拍击云气和烟雾；这里也是楚地吴地山川胜迹中的最美的地方。没有必要去濑乡的老子祠，去东阳的八咏楼，这里就可以观赏景色、会集神仙了。

此文载于《文苑英华》中。《文苑英华》总集名，宋太宗时李昉、扈豪、徐铉、宋白、苏易简奉敕编，一千卷，"宋四大书"之一，辑集南北朝梁末至唐代诗文。此文因此才流传下来。作者阎伯理，生平不详。清代编刻《黄鹤楼集》时，将此文作者定为阎伯理。1981 年，重建黄鹤楼，将此文刻碑。

黄鹤楼题词

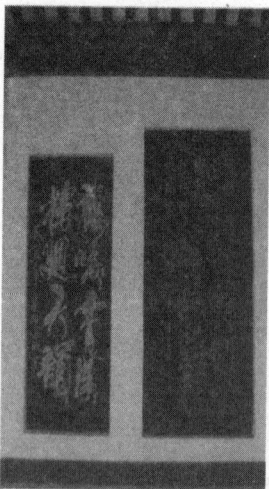

黄鹤楼

黄鹤楼是蜚声中外的历史名胜，它雄踞长江之滨，蛇山之首，背倚万户林立的武昌城，面临汹涌浩荡的扬子江，相对古雅清俊晴川阁，刚好位于东西水路与南北陆路的交汇点上。登上黄鹤楼，武汉三镇的旖旎风光历历在目，辽阔神州的锦绣山河也遥遥在望。黄鹤楼始建于三国吴黄武二年（223年），当时吴主孙权处于军事目的，在形势险要的夏口城即今天的武昌城西南面朝长江处，修筑了历史上最早的黄鹤楼。黄鹤楼在群雄纷争、战火连绵的三国时期，只是夏口城一角瞭望守戍的"军事楼"，晋灭东吴以后，三国归于一统，该楼在失去其军事价值的同时，随着江夏城的发展，逐步演变成为官商行旅"游必于是""宴必于是"的观赏楼。往事越千年，黄鹤楼时毁时建、时隐时现，历经战火硝烟，沧海桑田，仅明清两代黄鹤楼分别七建七毁。1884年，清代的最后一座楼阁在一场大火中化为灰烬，百年后，一座金碧辉煌、雄伟壮观的楼阁横空出世，正可谓千古风云传盛事，三楚江山独此楼。

黄鹤楼公园一景

5. 毛泽东

菩萨蛮·黄鹤楼

黄鹤楼大钟

毛泽东

茫茫九派流中国，

沉沉一线穿南北。

烟雨莽苍苍，

龟蛇锁大江。

黄鹤知何去？

剩有游人处。

把酒酹滔滔，

心潮逐浪高！

上阕首句，"茫茫九派流中国，沉沉一线穿南北"，词语雄浑有力，形象而生动地描绘出波涛滚滚由西向东一泻千里的长江，从我国中部流过，还有贯通南北的京汉和粤汉两条铁路穿越我国大江南北，景观雄伟。这里的"一线"二字用得极为精确，因为站在高大的黄鹤楼向下眺望，京汉和粤汉铁路相接的形状确是"一线"。"烟雨莽苍苍"：烟雨，指的是细如烟雾，迷茫一片的春雨。全句是借迷茫的烟雨笼罩武汉三镇，形容1927年春季的反革命政治空气弥漫着中国的大地。当时，帝国主义、反动军阀、国民党反动派互相勾结，武汉三镇风雨飘摇，革命形势万分危急。"烟雨莽苍苍，龟蛇锁大江。"

黄鹤楼夜景

这一句写的是近景，其中用一个"锁"字，把在如烟的迷茫一片的细雨笼罩下，隔江紧紧相对的龟蛇二山（龟山在汉阳，蛇山在武昌）好像要把大江东去的巨流都封锁起来似的，真是把静物写活了。

　　下阕既含怀古之意，又抒慷慨激昂之情。"黄鹤知何去？剩有游人处。"这两句紧扣题目，同时表现出对当时武汉政局的深切关心。"把酒酹滔滔，心潮逐浪高！"面对着滚滚东去的江水，他立誓要同反动势力斗争到底，一腔难以抑制的革命激情，就像是汹涌的波涛那样翻腾起伏，追逐着浪潮一浪高过一浪！在这之后，大革命失败了，党中央

鸟瞰黄鹤楼

召开了"八七"会议,确定以武装反抗国民党反动派和开展土地革命为新内容的路线方针,在湖南农民运动的基础上,举行了具有伟大历史意义的秋收起义,然后又率领农民起义军向井冈山进军,从此中国革命找到了正确的道路。这后来的事实就是词的收尾两句所抒发的无产阶级革命感情的具体表现。

此词的写作特色主要是寓情于景,既写黄鹤楼怀古,又抒发了诗人的感情,富有艺术魅力。另外,本词描述事物用词形象生动。如"茫茫",形象地表现了"九派"的广阔气势;"穿"既表现贯通南北,又富有动感;"锁"字运用了拟人化的手法,使得笔下景物跃然纸上;"逐"字也是如此,把诗人当时激越、愤懑的思想感情用滚滚江水起伏翻涌这一生动的形象表现了出来。词中的叠字,既精彩逼真地表现了事物,同时又富有节奏感,读来深有韵味。

6. 状元诗词

根据周腊生先生对古代文学诗词的研究,他提出,我国实行了 1300 年的科举考试,约产生了 886 名状元,其中姓名得以流传至今的仅 675 名,不仅留下姓名,而且多

黄鹤楼一景

少有点生平事迹可考的则只有 509 名。要研究他们跟黄鹤楼的联系，还得去掉因疆域限制而不可能与黄鹤楼发生瓜葛的辽、金、西夏、南汉、伪齐、后蜀及大西（张献忠烧毁了黄鹤楼）、太平天国（黄鹤楼咸丰六年又毁于战火）、入宋前已去世南唐的状元共 76 名。

通过各种方式反复搜求，在历代有资料的 433 名状元中，目前仅发现 6 位与黄鹤楼有过直接或间接联系的记载。他们是唐代的王维、五代的卢郢、宋代的冯京和王十朋、明代的杨慎、清代的毕沅。其中王维《送康太守》一诗中直接出现了"黄鹤楼"三字；五代的卢郢和宋代的王十朋均有以《黄鹤楼》为题的诗作，宋代湖北状元冯京跟苏轼讲过有关黄鹤楼的传说；明代的杨慎在《升庵诗话》中多次评论前人的《黄鹤楼》诗；清代的毕沅则请著名骈文家汪中写过《黄鹤楼记》，且有著述《新刻黄鹤楼铭楹联》。

（1）王维

最早与黄鹤楼发生联系的是唐开元九年（721 年）状元王维，他的《送康太守》一诗中直接出现了黄鹤楼三字。诗云：

城下沧江水，江边黄鹤楼。朱阑将粉堞，江水映悠悠。铙吹发夏口，使君居上头。郭门隐枫岸，候吏趋芦洲。何异临川郡，还劳

黄鹤楼前广场

黄鹤楼

康乐侯。

据张清华《王维年谱》，开元二十八年（740年）九月底或十月初奉命由长安出发"知南选"，其时职务是殿中侍御史（从七品上），途径襄阳，写了《汉江临泛》《哭孟浩然》等诗，南进经夏口（今湖北武昌）又同时写了《送宇文太守赴宣城》《送康太守》《送封太守》三首诗，时间是秋天这年王维41岁。另一种《王维年谱》也说，开元二十八年，"王维……迁殿中侍御史。是冬，知南选，自长安经襄阳、郢州、夏口至岭南。"可见，此诗应当是写于开元二十八年秋冬之际。此诗含有写景、叙事、抒情、议论，但总的看来，思想性、艺术性都不突出，所以古今研究者都不曾关注，各种选本均未选，不过它至少可以证明王维是到过黄鹤楼的。

（2）卢郢

卢郢，南唐金陵（今江苏南京市）人，字号及具体生卒年均未见记载。他好学，才气不凡，且膂力过人，曾痛惩仗势欺人的京城烽火使韩德霸。宋乾德四年（966年）南唐进士试（当时南唐奉宋正朔），考《王度如金玉赋》，卢郢高居榜首。其姐夫徐铉奉后

王维像

黄鹤何年去
杳冥，高楼千
载倚江城

主命撰文，数日未就，试探请卢郢帮忙。卢郢一边玩弄石球，一边饮酒，同时口授文辞，让笔吏书写，顷刻代徐铉完成。徐铉及后主皆惊叹其才气，自此名声大震。南唐灭亡后归宋，累迁至知全州（今广西全州县），颇著政绩。以病，卒于任。卢郢以政绩载诸史册，说明其人生价值不低，可惜体现其才气的作品大多没有流传下来，仅《全唐诗外编》录存其诗一首。就是这首诗径以《黄鹤楼》为题。《湖北旧闻录》录存其诗全文并作有注释：

黄鹤何年去杳冥，高楼千载倚江城。碧云朝卷四山景，流水夜传三峡声。柳暗西州供聘望，草芳南浦遍离情。登临一晌须回首，看却乡心万感生（原注：熙宁二年鄂州杂诗碑，界作五层，共录六朝唐人诗凡三十九首，在黄鹤楼后斗姥阁西壁。《湖北金石存佚考》）

南唐时，卢郢不可能到版图之外的江夏，因此，此诗当写于开宝八年（975年）三月南唐灭亡、卢郢入宋之后，离王维写《送康太守》诗二百四十年左右。

（3）冯京

冯京跟黄鹤楼的联系最为直接，但相关

记载却是间接的。《湖北旧闻录》收有苏
轼《李公择求黄鹤楼诗因记旧所闻于冯当
世者》一首，诗曰：

　　黄鹤楼前月满川，抱关老卒饥不眠。

　　夜闻三人笑语言，羽衣著屐响空山。

　　非鬼非人意其仙，石扉三叩声清圆。

　　洞中铿鈜落门关，缥渺入石如飞烟，

　　鸡鸣月落风驭还，迎拜稽首愿执鞭。

　　汝非其人骨腥膻，黄金乞得重莫肩。

　　持归包裹蔽席毡，夜穿茆屋光射天。

　　里闾来观已变迁，似石非石铅非铅。

　　或取而有众忿喧，讼归有司今几年。

　　无功暴得喜欲颠，神人戏汝哀可怜。

　　愿君为考然不然，此语可信冯公传

　　（原注：《东坡居士集》）。

　　诗题中的"冯当世"就是状元冯京。

黄鹤楼大钟局部

楹联、诗词赏析

长江沿岸风景

冯京是湖北人,且居于江夏(即今湖北武汉),对黄鹤楼及相关传说自然是十分熟悉的,但是冯京本人未留下与黄鹤楼相关的文字,他跟人讲的一位看守黄鹤楼老卒的传说的内容却通过苏轼的诗记载下来。

冯京(1021——1094年),字当世,宋鄂州咸宁(今湖北咸宁)人,后徙居江夏。他是宋初名相富弼的女婿。皇祐元年(1049年)己丑科以"三元"及第。历任荆南府通判,直集贤院,判吏部南漕,翰林学士,先后知扬州、江宁府、开封府、太原府;神宗即位后入为御史中丞,迁枢密副使、参知政事。他反对王安石变法,两人常在神宗跟前争辩，曾极力推荐苏轼、刘攽等人，并因此于熙宁八年（1075年）被罢去参知政事，出知亳州。后拜保宁军节度使，改知大名府、彰德府。元祐六年（1091年）五月以太子少师致仕，绍圣元年（1094年）卒，享年74岁。哲宗亲自到家祭奠，赠司空，谥文简。

他们两人都是大部分时间被排斥在地方为官，苏轼听冯京讲黄鹤楼老卒的传说当在神宗熙宁二年（1069年）苏轼守父丧期满还朝，到四年六月被排挤出京任杭州通判之前他们都在京为官的时候，离卢郢写《黄鹤楼》诗约九十年。

身处闹市区的黄鹤楼

王十朋故里

（4）王十朋

有资料说："也许是由于崔颢这首诗的缘故，后人赋诗黄鹤楼者层出不穷，仅以《黄鹤楼》同题赋篇者，略取其数，就有晚唐的贾岛、卢郢，宋代的王十朋、范成大、陆游，明代的管讷、陆渊之，清代的袁枚、张维屏、吴炯等等。以题、登、赋黄鹤楼为题材的诗篇，更是不胜枚举，但竟无一首出乎其右。"其中宋代的王十朋是状元。

王十朋（1112—1171年）字龟龄，号梅溪，乐清（今属浙江）人，宋代诗文家、学者，著有诗文集《梅溪集》54卷。十朋从小悟性高，记忆力强。6岁发蒙，认字比一般儿童都快得多。13岁时已是学业优秀、才华超群之士，为当地文会中的佼佼者。但是由于秦桧一伙把持着科举考试的取舍大权，十朋无论是在地方选拔试中，还是在国家级的考试里，总是因直言而被排斥。直到秦桧死后两年的绍兴二十七年（1157年）丁丑科方才一举夺魁，并且其殿试策传诵朝野。这年他已47岁。

孝宗隆兴二年（1164年）六月，十朋因直言又被排斥，以集英殿修撰出知饶州（今

江西波阳），一年以后调任夔州（今四川奉节）。在夔州待了两年，于乾道三年（1167年）七月移知湖州。无论是自饶州赴任夔州，还是自夔州移任湖州，都必须经过夏口，《湖北旧闻录》载有其咏武昌名胜的《南楼》一首便是明证。因此他的《黄鹤楼》诗不是写于乾道元年（1165年）六七月间，就是写于乾道三年七八月间。离卢郧写《黄鹤楼》诗约一百一十年。

（5）杨慎

杨慎（1488－1559年），字用修，号升庵，新都（今四川新都县）人，祖籍庐陵（今江西吉安市）。其父杨廷和官至少师大学士，当首辅近十年，叔父杨廷仪也官至礼部尚书。这样的家庭使杨慎受到了高质量的教育，而

黄鹤楼及武汉长江大桥

黄鹤楼

他本人又异常聪慧，学习自觉而刻苦。7 岁时所作《古战场文》便为时人所称。正德六年（1511 年）辛未科他夺魁时年仅 24 岁。入仕后，他不计厉害，敢于谏争。嘉靖三年（1524 年）"大礼议"起，他坚持反对"以外藩入嗣大统"的世宗推尊其生父为"皇考"的主张，跟许多臣僚一起挨了"廷杖"。他不仅被打得半死，而且被充军云南，终身不得赦免。

在官场上，他是个直臣。作为学者，他被公认为一代雄才。其知识之渊博、兴趣之广泛，在整个明代是难有其比的。

杨慎与黄鹤楼的联系是间接的。从《升庵诗话》卷六《岳阳楼诗》条所载"余昔过

杨慎与黄鹤楼的联系是间接的

楹联、诗词赏析

101

岳阳楼，见一诗云……"可知，他是到过岳阳楼的，是否顺路游览过黄鹤楼未见记载。他本人不见有跟黄鹤楼相关的作品，但是多次评论过前人所写的跟黄鹤楼相关的诗歌。

《升庵诗话》卷四《同能不如独胜》条云：

孙位画水，张南本画火，吴道玄画，杨绘塑，陈简斋诗，辛稼轩词，同能不如独胜也。太白见崔颢《黄鹤楼》诗，去而赋《金陵凤凰台》。

卷十《黄鹤楼诗》云：

宋严沧浪取崔颢《黄鹤楼》诗为唐人七言律第一。近日何仲默薛君采取沈佺期"卢家少妇郁金堂"一首为第一。二诗未易优劣。

长江三峡神农溪风光

黄鹤楼

或以问予，予曰："崔诗赋体多，沈诗比兴多。以画家法论之，沈诗披麻皴，崔诗大斧劈皴也。"

同卷游景仁《黄鹤楼》诗条云：

游景仁《黄鹤楼》诗："长江巨浪拍天浮，城郭相望万景收。汉水北吞云梦入，蜀江西带洞庭流。角声交送千家月，帆影中分两岸秋。黄鹤楼高人不见，却随鹦鹉过汀洲。"景仁名侣，广安人，南渡四贤相之一，有文集，今不传，独此诗见《楚志》。

卷十一《捶碎黄鹤楼》条云：

李太白过武昌，见崔颢《黄鹤楼》诗，叹服之，遂不复作，去而赋《金陵凤凰台》也。

黄鹤楼模型

其事本如此。其后禅僧用此事作一偈云："一拳捶碎黄鹤楼，一脚踢翻鹦鹉洲。眼前有景道不得，崔颢题诗在上头。"傍一游僧亦举前二句而缀之曰："有意气时消意气，不风流处也风流。"又一僧云："酒逢知己，艺压当行。"元是借此事设辞，非太白诗也，流传之久，信以为真。宋初，有人伪作太白《醉后答丁十八》诗云"黄鹤高楼已捶碎"一首，乐史编太白遗诗，遂收入之。近日解学士缙作《吊太白》诗云："也曾捶碎黄鹤楼，也曾踢翻鹦鹉洲。"殆类优伶副净滑稽之语。噫，太白一何不幸耶！

（6）毕沅

毕沅(1730－1707年)，字秋帆，号灵岩山人，

黄鹤楼上悬挂的红灯笼

黄鹤楼

104

江南镇洋（今江苏太仓）人。乾隆二十五年（1760）成一甲第一名进士。历任修撰、侍读、左庶子、巩秦阶道、陕西按察使、陕西布政使、代理陕西巡抚、河南巡抚，乾隆五十一年（1786年）升任湖广总督，不久降为巡抚，乾隆五十三年再升湖广总督，乾隆五十九年降为山东巡抚，次年又授湖广总督。嘉庆元年（1796年）六月因镇压苗民起义不力，被解除职务，七月，仍任总督，直至次年去世。

毕沅像

自乾隆五十一年至嘉庆二年，十一年间他大部分时间是担任湖广总督，乾隆壬子（1792年）曾将明弘治己未（1499年）重建的武昌"楚观楼"改题为"南楼"，题过当时在黄鹤楼左侧的太白亭，去世前一年他还曾主持修复古琴台。他无论是自己游览还是陪客人游览黄鹤楼的机会都是特别多的，但是未见他写过与黄鹤楼相关的诗、词、文、赋，他与黄鹤楼的联系也是间接的。当时著名骈文家汪中应他的要求撰写（或曰代写）了《琴台铭》和《黄鹤楼记》两篇名文，影响很大。

与黄鹤楼相关的状元实在太少。目前已知历代湖北籍状元就有九个，其中宋代除冯京外，还有宋庠、郑獬、毕渐，明有任亨泰、

不少文人留下了关于黄鹤楼的题咏

张懋修（张居正之子），清有刘子壮、陈沆、蒋立庸。刘子壮生活于明末清初，其时黄鹤楼已毁，其他人都有登临黄鹤楼的机会，但是均不见有相关记载。

历代在湖北做过官的状元有五十多位；湖南、广东、广西等地的状元回乡探亲一般也要经过黄鹤楼所在地夏口；在以长安、洛阳、汴京、北京为都城的朝代，任职于京城的状元出差南方一般也要经过湖北，但这依然不能使与黄鹤楼有直接或间接联系的状元多起来。这大概有两个原因。

其一，自崔颢以黄鹤楼为题写下了那首千古绝唱之后，连李白写的15首与黄鹤楼相关的诗也只有《黄鹤楼送孟浩然之广陵》及《与史郎中钦听黄鹤楼上吹笛》得以广泛流传，而以山水田园诗名世的王维《送康太守》一诗则很少有人知道，致使其他诗人都不敢措手，包括杜甫。顾况、白居易、贾岛、罗隐、苏轼、苏辙、陆游、杨基、王世贞、袁中道等著名文学家不信邪，都留下了关于黄鹤楼的题咏，依然均未流传开来，所以状元们即使有机会登临又岂敢轻易出手？如宋代状元词人张孝祥在现在的湖南、湖北都任

过主要职务，在湖南有《水调歌头·过岳阳楼作》和《念
奴娇·过洞庭》，在湖北却没有关于黄鹤楼的作品。

黄鹤楼公园
凉亭

再说，虽然大多数状元诗、词、文、赋都能应付，
且被《中国文学家大辞典》及其他相类工具书视为文
学家的唐、宋、明、清均在30％以上，但真正特别突
出的却很少，在影响最大的游国恩本《中国文学史》
中列入目录的唐代只有王维，宋代只有张孝祥和文天
祥；明代康海未列入目录，只在正文中简略提及；元
代与清代则一个也没有被选中。状元们绝大多数应该
是有自知之明的，他们审时度势，也容易打消凑热闹
的心思。

其二，"黄鹤楼历经沧桑，屡毁屡建，不绝于世，
可考证的就达30余次之多"。也许还有状元任职湖北、
经过湖北时黄鹤楼已毁，或正在重建中，或登临时有

过题留，但因种种原因没有保存下来。《黄鹤楼总说·大事记》所云"明初及正德年间曾各有过《黄鹤楼诗集》，但均已散失"便是其原因之一。

7. 其他

（1）白居易

卢侍御与崔评事为予于黄鹤楼置宴宴罢同望

白居易

江边黄鹤古时楼，劳致华筵待我游。

楚思淼茫云水冷，商声清脆管弦秋。

白花浪溅头陀寺，红叶林笼鹦鹉洲。

总是平生未行处，醉来堪赏醒堪愁。

（2）贾岛

黄鹤楼

贾岛

高槛危檐势若飞，孤云野水共依依。

青山万古长如旧，黄鹤何年去不归？

岸映西州城半出，烟生南浦树将微。

定知羽客无因见，空使含情对落晖！

（3）刘禹锡

出鄂州界杯表臣二首

刘禹锡

白居易像

离席一挥杯，

别悉今尚醉。

迟迟有情处，

却恨江帆驶。

梦觉疑连榻，

舟行忽千里。

不见黄鹤楼，

寒沙雪相似。

黄鹤楼落梅轩

（4）苏轼

李公择求黄鹤楼诗因记旧所闻于冯当世

者

苏轼

黄鹤楼前月满川，抱关老卒饥不眠。

夜闻三人笑语言，羽衣屦响音空山。

非鬼非人意其仙，石扉三叩声清圆。

洞中铿鈜落门关，缥渺入石如飞烟。

鸡鸣月落风驭还，迎拜稽首愿执鞭。

汝非其人骨腥膻，黄金乞得重莫肩。

持归包裹蔽席毡，夜穿茆屋光射天。

里闾来观已变迁，似石非石铅非铅。

或取而有众忿喧，讼归有司今几年。

无功暴得喜欲颠，神人戏汝哀可怜。

愿君为考然不然，此语可信冯公传。

陆游像

（5）陆游

黄鹤楼

陆游

苍龙阙角归何晚，

黄鹤楼中醉不知。

汉江交流波渺渺，

晋唐遗迹草离离。

美景绝色，引得天下诗人骚客笔耕不辍，可谓"眼前有景道不得"，想了解其中的趣味，还是寻机自己去走访一下这如诗如画的黄鹤楼吧！

四、以黄鹤楼命名的传说

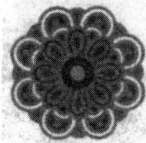

蛇山之上

黄鹤楼蜚声中外，以动人的传说、壮丽的景观及浓郁的文化气息吸引着中外游人。关于它的起源，更有多种版本，但不外乎"因山得名"和"因仙得名"两种说法。

（一）因山得名

古时黄鹤楼位于武汉市武昌区的蛇山之巅，而蛇山是由东西排列而首尾相连的七座山组成的。自西而东依次为黄鹄山、殷家山、黄龙山、高观山、大观山、棋盘山和西山，全长两千余米，因其形似伏蛇，故名蛇山。黄鹤楼在黄鹄山之顶，古语中"鹄"和"鹤"二字通用，故又称黄鹤山，此山上的楼也因此名为黄鹤楼。

（二）因仙得名

民间流传最广的故事有两则：

1.相传，吕洞宾游玩了四川的峨眉山后，一时心血来潮，打算去东海寻仙访友。他身背宝剑，沿着长江顺流而下。这一天，来到了武昌城。这里的秀丽景色把他迷住了，他兴冲冲地登上了蛇山，站在山顶上举目一望，嗬！只见对岸的那座山好像是一只伏着的大龟，正伸着头吸吮江水；自己脚下的这

座山，却像一条长蛇昂首注视着大龟的动静。

吕洞宾心想：要是在这蛇头上再修一座高楼，站在上面观看四周远近的美景不是更妙吗！可这山又高，坡又陡，谁能在这上面修楼呢？有了，还是请几位仙友来商量商量吧。

他把宝剑往天空划了那么一个圈，何仙姑就驾着一朵彩云来了，他连忙把自己的想法向她说了，何仙姑一听就笑了："你让我用针描个龙绣个凤还差不多，要说修楼，你还是请别人吧！"吕洞宾又请来了铁拐李，铁拐李一听哈哈大笑："你要是头发昏，我这里有灵丹妙药，要修楼，你另请高明吧！"吕洞宾又请来了张果老，张果老摇着头说："我只会倒骑着毛驴看唱本。"说罢，也走了。

以黄鹤楼命名的传说

吕洞宾想，这下完了，连八仙都不行，哪里还有能工巧匠呢？正在这时，忽然听到从空中传来一阵奇怪的鸟叫声，他连忙抬头一看，只见鲁班师傅正骑着一只木鸢朝着他呵呵地笑呢。吕洞宾急忙迎上去，把自己的想法又说了一遍。鲁班师傅走下木鸢，看了看山的高度，又打量了一下地势，随手从山坡上捡来几根树枝，在地下架了拆，拆了架，想了一会说："咱们改天再商议吧。"

第二天早上，鸡刚叫头遍，吕洞宾就急急忙忙地爬上蛇山，只见一座飞檐雕栋的高楼已经立在山顶上了。他大声呼喊着鲁班的名字，登上最高一层，可连鲁班的影子都没有看到，只看见鲁班留下的一只木鹤。这木

黄鹤楼壁画

黄鹤楼

鹤身上披着黄色的羽毛，正用一对又大又黑的眼睛望着他。吕洞宾非常高兴，凭栏而望，面对长江吹起了曲子，木鹤竟然随着音乐翩翩起舞。他骑到了木鹤身上，木鹤立时腾空，冲出了楼宇，绕着这座高楼飞了三圈，一声鹤唳，钻进白云里去了。后来，人们就给这座楼起了个名字，叫黄鹤楼。

2.古时候，蛇山一直伸到江水里，临江的石壁像刀削斧砍的一样，被称为黄鹤矶。人们都喜欢登上黄鹤矶观赏长江的风光。有个姓辛的寡妇，在黄鹤矶头开了一家酒店，尽管酒店的陈设简单，但是此处可以饮酒赏景，又加上辛氏乐善好施，为人很好，所以她的生意也算不错。

黄鹤楼景观

有一天，一个老道走进酒店向她讨酒喝。辛氏见他衣衫褴褛，骨瘦如柴，很是可怜，就笑脸相迎，以礼相待，给他端来了好酒好菜。谁知道老道吃饱喝足以后，连个招呼都不打就扬长而去了。第二天，老道又找上门来，辛氏仍然用好酒好菜招待他。以后每天如此，辛氏从来不要他一文钱。不知不觉过了一个多月，辛氏依旧如故，每次老道过来都是热情款待。一天，老道喝完酒对辛氏说："我要到远方去云游了。蒙你一向照料，我要好好谢谢你。"说完，就拿起一块橘皮，在墙壁上画了一只黄鹤，他说："这只黄鹤送给你了，以后有客人来喝酒，你只要摆手，黄鹤就会下来跳舞，帮你招徕客人。"

随后，他又把井水变为酒水以此来答谢辛氏，辛氏正想拜谢之际，那老道却忽然不见了。

十年后，辛氏建起了新酒楼，取名"辛氏楼"。这时老道突然出现在酒店，对辛氏说："十年所赚的钱，可够我欠的酒债？"辛氏连忙道谢，老道取下随身携带的玉笛，对着墙上的黄鹤吹起一只动听的曲子，黄鹤似乎听到了主人的召唤，徐徐展翅飞出墙壁，道士骑鹤直上青天，在云端徘徊几番才缓缓飞开，终于不知去向。辛氏为了纪念这位令人难忘的老道和他的仙鹤，便出资在蛇山黄鹤矶头修造了一座巍然耸立的黄鹤楼。

黄鹤听到老道的笛声，展翅飞出墙壁

关于这则美丽的神话故事，有三种不同的说法，第一种说法认为这位仙人是黄子安，第二种说法认为是费祎，第三种说法没有仙人的名字，介绍如下：

（1）仙人是黄子安

依《南齐书·州郡志》记载："古代传说，有仙人子安尝乘黄鹤过此，故名。"指出是因为曾有一位名子安的仙人，乘黄鹤经过此地，所以命名为黄鹤楼。

（2）以为是仙人费祎

依《图经》的记载说："昔费祎登仙，

以黄鹤楼命名的传说

117

尝驾黄鹤还憩于此，遂以名楼。"认为黄鹤楼命名的由来，是指费祎尸解为仙后，曾驾着黄鹤回来，并在这栋楼休息，故名为黄鹤楼。

（3）只说是一位仙人

这个传说的记载比较详细，出自《报应录》。原文是："辛氏昔沽酒为业，一先生来，魁伟褴褛，从容谓辛氏曰：许饮酒否？辛氏不敢辞，饮以巨杯。如此半岁，辛氏少无倦色，一日先生谓辛曰，多负酒债，无可酬汝，遂取小篮橘皮，画鹤于壁，乃为黄色，而坐者拍手吹之，黄鹤翩跹而舞，合律应节，故众人费钱观之。十年许，而辛氏累巨万，后先生飘然至，辛氏谢曰，愿为先生供给如

黄鹤楼院内景色

黄鹤楼

118

意，先生笑曰：吾岂为此，忽取笛吹数弄，须臾白云自空下，画鹤飞来，先生前遂跨鹤乘云而去，于此辛氏建楼，名曰黄鹤。"

以上当然是神话传说。三国时在这临江的山巅建楼，首先还是出于军事上的需要，但后来逐渐成为文人荟萃，宴客、会友、吟诗、赏景的游览胜地。

江南三大名楼，为汉阳之黄鹤楼、岳阳之岳阳楼、南昌之滕王阁。有人问：江南三大名楼特色何在？哪个楼略胜一筹？览胜归来，自然称道"黄鹤楼"——"天下绝景""天下江山第一楼"果然名不虚传。

泱泱中华，多少名篇巨作未能流芳百世；浩浩华夏，多少恢弘巨制未能保全幸存。此

"天下江山第一楼"石刻

以黄鹤楼命名的传说

119

黄鹤楼前石阶

三楼幸矣，均"文以楼名，楼以文传"，历经磨难而独存，饱经风霜而弥坚，巍巍然屹立于湖之岸河之滨，灿灿然点亮中华历史。

话说黄鹤楼建在武昌江边的黄鹄矶上，"龟蛇锁大江"，是古代文人骚客登临咏诗胜地。登楼眺望，远山近水一览无余。崔颢"昔人已乘黄鹤去，此地空余黄鹤楼。黄鹤一去不复返，白云千载空悠悠。晴川历历汉阳树，芳草萋萋鹦鹉洲。日暮乡关何处是，烟波江上使人愁"的千古一叹，李白"故人西辞黄鹤楼，烟花三月下扬州。孤帆远影碧空尽，惟见长江天际流"的千古咏唱，都是站在人生的高度，叹时光之流逝，人事之无常，家园之难归。时光不再，白云空悠悠；故人不再，长江天际流；乡关何处，烟波使人愁。连伟大、豪迈如毛泽东之人借古人之口，幽然喟叹，子在川上云："逝者如斯夫！"这是生命的无奈，伟人、平民概莫能外。登临黄鹤楼，遥望对岸繁华市容，俯看脚下如梭车流，江上滚滚浊浪，不知从哪里来往哪里去，义无反顾，奔流不息，这也是人生一往无前的一种写照。

黄鹤楼